21 Chemins du bonheur

Apprenez à aimer

Editions LIBERTISSE

Photo prise lors de l'interview avec Eric RISE

(La Construction du bonheur)

Table des matières

Introduction

Qui sur cette terre voudrait autre chose que le bonheur ?

Encore faut-il savoir ce que vous mettez derrière ce mot. Est-ce que vous y mettez la richesse, l'amour, la santé, la réussite professionnelle, la vie affective, la paix intérieure, une vie à 100 à l'heure, une vie pleine d'aventures, une vie insolite ?

Guillaume, 25 ans, me disait l'autre jour : "Je croque la vie à pleines dents. Je participe à tout ce qui se présente, surtout dans les loisirs sportifs. Je suis toujours optimiste, tout me réussit".

J'ai retrouvé mon ami Georges lors des derniers congés d'été. "Comment vas-tu ?". Il me répond : "Ça va", avec une petite voix. "Oh ! Je vois que ça ne va pas si bien que cela, qu'est-ce qui t'arrive?" "Ma vie est triste et monotone, tout va de travers." Au cours de nos échanges je me suis aperçu qu'il ne cherchait pas comment il pourrait remonter la pente. Je lui lance : "Tu n'as pas imaginé que tu pourrais changer quelque chose dans ta vie ?" "Non, ça va quand même".

En fait je pense qu'il avait peur de l'inconnu. Ses propos semblaient du genre : je sais ce que j'ai, je ne sais pas où ça me mènerait.

Si vous ne savez pas ce que vous voulez, comment pouvez-vous l'atteindre ?

Si vous croyez savoir ce que vous voulez, est-ce bien de cela dont vous avez le plus besoin ?

Si vous ne savez pas bien d'où vous venez et où vous allez, ce que vous êtes ou ce que vous voulez être, comment pouvez-vous **trouver votre chemin** ?

Si vous ne savez pas bien **entrer en relation avec les autres**, qui saura que vous existez, qui vous aidera à développer ce qu'il y a de meilleur en vous ?

Si vous avez du mal à **créer des relations d'amitié et d'amour**, comment pouvez-vous trouver la paix et la joie ?

Si vous vous plaignez, si vous dites que le monde va mal, comment pouvez-vous voir ce qui est beau ?

Si vous n'avez pas bien **conscience des valeurs qui vous guident dans votre vie**, comment pouvez-vous choisir ce qui est bon pour vous ?

Si **vous ne comprenez pas vos émotions**, celles qui vous submergent peut-être, ne serez-vous pas balloté par les événements ?

Si **vous vous mettez en colère facilement** ou de façon exagérée, n'est-ce pas que vous souffrez ? Et de quoi ?

Si **vous êtes souvent triste ou insatisfait**, qu'est-ce qui s'est passé dans votre vie qui vous a rendu comme cela ?

Si vous ne vous acceptez pas comme vous êtes, qui le fera ?

Si vous n'avez pas confiance en vous, comment pouvez-vous faire confiance aux autres ?

Si **vous ne vous aimez pas bien vous-même**, comment pouvez-vous aimer les autres, celui ou celle avec qui vous voudrez faire votre vie ?

Si **vous vous laissez enfermer dans vos "fausses" croyances**, sur quelles valeurs allez-vous vous appuyer pour orienter votre vie ?

Vous êtes parfois dans des situations difficiles, qui vous paraissent même insurmontables, des jeux perdus d'avance, **vous croyez que vous n'avez pas le choix**, qu'il n'y a pas de solution.

Si vous pensez que vous n'y arriverez pas, si **vous baissez les bras à la première difficulté**, comment pouvez-vous réussir ?

Si on vous annonce l'issue fatale dans quelques mois, est-ce que vous allez vous laisser mourir ou est-ce que **vous allez décider de passer ce temps qui vous reste à vivre à dire à ceux qui vous sont proches que vous les aimez ?**

Eh bien ! Vous avez toujours le choix, pas tous les choix. Vous pouvez toujours **choisir la vie**.

A partir de cet instant commence le restant de votre vie.

Vous allez découvrir 21 chemins pour aller vers **votre bonheur**.

Chassez le stress, l'inquiétude, la souffrance.

Allez vers cet état durable de plénitude, de satisfaction et de liberté qui s'appelle le bonheur.

Vous trouverez, dans cet ouvrage, *en italique des témoignages personnels* et <u>en souligné des citations</u>.

✎ Pour **ceux qui veulent appliquer ces découvertes dans leur vie de tous les jours**, voici ce que je propose :

Au cours de votre lecture vous trouverez, après chaque chapitre, le petit

crayon ✎, marquant des propositions de réflexion et d'expérimentation à faire tout seul. Après votre réflexion personnelle je vous encourage vivement à partager vos découvertes avec votre conjoint, ou un groupe d'amis qui a mené la même réflexion.

Je vous souhaite de belles soirées !

✎ Première question : Est-ce que je veux être heureux ?

✎ Qu'est-ce que j'aimerais améliorer dans ma vie ?

1 - Qui êtes-vous ?

<u>La vie heureuse, est celle qui est en accord avec sa propre nature.</u> Sénèque

<u>Arrête ! Où cours-tu donc ? Le ciel est en toi.</u> Angélus Silesius

Vous voulez être heureux ? Est-ce que vous pouvez faire l'économie de vous occuper de vous-même ?

Vous vous connaissez plus ou moins bien. Vous êtes composé d'un corps, d'une psyché qui comprend tout votre côté intellectuel, vos pensées philosophiques, votre vie psychologique et vous êtes aussi composé de quelque chose de plus profond, de plus mystérieux, d'un côté spirituel ou de conviction.

Simone Pacot l'appelle le cœur profond, un lieu inaltérable, toujours bon, un lieu de rencontre avec Dieu si vous y croyez. C'est probablement, pour tous, un lieu de ressource et de développement.

Ne négligez aucun des 3 aspects de votre personne.

Tout est important.

Vivez l'unité de votre personne.

Votre corps

Pour votre corps, si vous voulez qu'il soit en bon état vous avez intérêt à en prendre soin. "Quand la santé va, tout va" disent certains. C'est la vie équilibrée qui permet cela, une bonne hygiène de vie, une bonne alimentation naturelle, une alternance d'activités physiques, intellectuelles et de repos.

Du sport régulier sans forcer l'organisme, car la compétition n'est pas le meilleur moyen de rester en bonne santé.

A Sotchi des champions ont gagné la médaille malgré leurs genoux abimés. Comment seront-ils dans quelques années ? Sur le moment ils ont vécu une grande joie mais sur le long terme ce n'est pas sûr que leur vie sera si agréable.

J'étais un skieur tout à fait banal, ma passion était de dévaler les pentes à grande vitesse, j'étais grisé. Au bout de quelques années mes genoux devenaient de plus en plus douloureux. Après avoir subi l'ablation d'un ménisque sur chacun de mes genoux, cela a été mieux mais évidemment pas aussi bien que dans ma jeunesse. Maintenant je me cherche des activités moins violentes comme la marche pendant laquelle je me détends.

Votre psyché

En ce qui concerne la psyché, vous avez développé tout le côté intellectuel à l'école essentiellement, avec un peu de philosophie et de psychologie. La philosophie, littéralement "l'amour de la sagesse", il me semble qu'on en est loin à l'école où on vous a entraîné à accumuler des connaissances. La psychologie est la connaissance intuitive de vos émotions, de vos idées, de vos comportements et de vos manières de penser et d'agir.

Dans ces domaines il vous manque beaucoup d'éléments opérationnels, utiles pour bien vivre. Ces informations et développements vous pouvez les trouver dans des livres ou encore mieux avec des expérimentations dans des sessions de développement personnel, et là il y a beaucoup de choix aujourd'hui.

Personnellement je lis des livres de psychologie depuis l'âge de 18 ans. J'ai participé à un cycle de sessions appelées "psychogénèse", avec Paul Cissou, qui comprenait, entre autres, l'étude de l'évolution de la personne, à partir de la naissance. Ce qui m'a beaucoup intéressé c'est la différence homme-femme, masculin-féminin et leur complémentarité. L'étude de l'image de soi, la façon dont je réagis à un compliment, la prise de distance par rapport à mon image m'ont vraiment aidé dans ma profession.

J'ai découvert que lorsque j'attribuais un défaut à quelqu'un, je ne supportais pas ce même défaut chez moi.

J'étais professeur. Un jour, je me suis aperçu, en dispensant mon cours avec mes jeunes de 20 ans, que je m'étais trompé à la séance précédente. Au lieu de soutenir qu'ils avaient peut-être mal compris ce que j'avais dit la dernière fois, je leur ai dit que ce que j'avais dit était faux, que je m'étais trompé et qu'eux aussi ils avaient le droit de se tromper.

La réaction ne s'est pas fait attendre : "ça, on ne nous l'avait jamais dit". J'ai dit encore : "vous avez le droit de vous tromper à une condition c'est d'en tirer une leçon, tous les apprentissages bien acquis passent par des essais erreurs".

La meilleure acquisition se fait par essais-erreurs.

Toute la nature passe par des essais-erreurs : sous un arbre des milliers de graines tombent à terre, seules quelques-unes germent pour donner un nouvel arbre. Dans l'apprentissage, qui dure toute une vie, si vous ne faites pas d'erreur vous n'êtes pas sûr que l'acquisition soit complète.

Pour moi vivre, c'est évoluer. C'est avancer, c'est tomber, se relever, continuer à marcher. Vouloir tout réussir tout le temps demande beaucoup d'énergie.

Dans la première partie de la vie vous développez vos compétences physiques, intellectuelles et affectives. Dans la deuxième partie, si vous le voulez, vous développez plutôt la tendresse, la sagesse, l'amour et la paix intérieure.

Votre cœur profond

Pour ce qui est du "cœur profond" c'est le lieu de ressource et de conscience. Il vous donne le souffle et vous guide dans les situations difficiles. C'est un lieu spirituel où se trouve le meilleur de vous-même, il existe en toute personne.

Personnellement quand je veux rejoindre mon cœur profond, dans le calme, je prends une grande inspiration en pensant à une situation délicate, une personne en difficulté ou à une action que j'ai à mener dont l'issue est incertaine. Cette démarche m'a toujours donné la force d'avancer vers une issue favorable. Ce qui n'exclut pas de faire ma part.

✎ Je vous propose une réflexion à écrire puis à partager avec votre compagnon, avec votre compagne, ou avec vos amis :

✎ Qu'est-ce que je sais de moi ? (Je me vois...)

✎ Après quoi est-ce que je cours ? (Je me vois faire...)

2 - Ce que vous aimez en vous

Posez un regard positif et bienveillant sur vous-même.

Être conscient de ses points forts c'est très important. Avoir une bonne estime de soi, croire que vous êtes quelqu'un de bien, être fier de ce que vous êtes, aide véritablement à bien vivre, à être heureux.

Pour vous reconnaître une qualité, même si elle ne s'exprime pas tout le temps, il suffit qu'elle soit là de temps en temps.

Il ne s'agit pas ici de bomber le torse mais d'exprimer simplement, en toute honnêteté ce que vous aimez en vous : qualités, compétences, dons, talents.

Ce que j'aime en moi c'est mon côté débrouillard, j'arrive à me sortir de toutes sortes de situations difficiles. J'aime ma dextérité manuelle, ma capacité à construire, à imaginer, à concevoir.

J'aime aussi ma façon d'accueillir les autres, de tenir compte d'eux, de les écouter, de les valoriser, d'être gentil avec eux.

J'aime créer la paix en moi et autour de moi, créer une atmosphère propice à l'amitié. Je me vois des capacités à conduire une médiation quand des personnes sont en désaccord. Je pressens les conflits avant qu'ils n'éclatent, je vais tout faire pour qu'ils n'arrivent pas.

J'aime mon côté artisan de paix.

✎ A vous maintenant ! Qu'est-ce que j'aime en moi ?

21 Chemin du bonheur

3 - Ce que vous n'aimez pas en vous

Vos défauts masquent des qualités insoupçonnées.

Vous trouvez souvent plus facilement ce que vous n'aimez pas en vous, que ce que vous aimez.

Quand je suis bien dans ma peau je suis entreprenant. A d'autres moments je n'aime pas quand je n'arrive pas à aller vers les autres, par exemple dans un lieu où je ne connais personne.

Quand j'arrive dans les milieux sportifs, moi qui m'intéresse très peu aux sports collectifs, je me sens gauche, je ne sais que leur dire, j'ai l'impression de venir d'une autre planète.

Dans mon atelier de bricolage c'est un peu le bazar, j'aime construire mais je n'aime pas ranger, j'ai l'impression de perdre mon temps. Pourtant je n'aime pas mon désordre.

Je n'aime pas ma surdité partielle, elle m'empêche de communiquer facilement. J'ai l'impression d'être coupé des autres parfois.

Vos défauts, vos imperfections, vos manques ne sont pas mauvais, ils vous freinent souvent, vous empêchent de vous réjouir. **Derrière chaque défaut il y a une qualité cachée.**

Je n'aime pas non plus ma lenteur intellectuelle, mes réactions secondaires. Je me dis parfois que c'est un atout, si je ne suis pas spontané, je suis réfléchi. Je prends rarement des décisions "coup de cœur".

Ainsi je suis très peu dans le regret.

Vous n'êtes pas indulgent avec vous-même. S'il vous arrive une fois d'être méchant avec quelqu'un, vous pensez que vous êtes méchant. Sous-entendu, vous êtes toujours méchant. Non, vous avez eu une attitude méchante à ce moment-là.

Vous entendez souvent des expressions comme : " Il est méchant ". En réalité personne n'est toujours méchant. Ici, ce qui manque c'est le complément de cette phrase. Ce qui est juste : dans cette circonstance, il a eu un comportement méchant, à ce moment-là. L'auxiliaire être est assimilé à un état permanent.

Vous avez à relativiser, à changer votre regard, à être conscient et lucide.

Sachez sourire de vos défauts. Pourquoi ne pas en rire ? C'est ce que font les grands humoristes.

Pour vivre mieux, **acceptez vos imperfections.** Vous êtes un humain, forcément limité.

Si vous **acceptez d'en parler** c'est que vous êtes déjà sur un chemin d'acceptation de vous-même.

✎ Qu'est-ce que je n'aime pas en moi ?

✎ Qu'est-ce que j'aimerais améliorer ?

4 - Votre vie émotionnelle

<u>Nos émotions sont le trésor que cette vie nous offre. Protège tes sentiments, si possible, sans abîmer ceux des autres.</u> "<u>Et soudain tout change</u>" de Gilles Legardinier

Prenez conscience de votre vie émotionnelle. Elle est votre réalité.

Vous pouvez baser votre vie sur la réussite de la vie professionnelle, de la vie affective, de la vie amicale, des loisirs. Vous pouvez communiquer avec les autres au niveau de ce que vous faites, de vos pensées, de vos actions. Très rarement vous vous occupez de votre vie intérieure, de vos émotions. Pourtant ces réactions intérieures colorent et influencent énormément votre vie. Si vous n'en avez pas conscience ou si vous les étouffez, vous passez sous silence une part importante de vous-même.

Thomas d'Ansembourg dans son livre : "Cessez d'être gentils, soyez vrais", parle de quatre familles d'émotions.

Certaines sont agréables comme la **joie**, d'autres sont plutôt désagréables à ressentir comme la **tristesse, la peur et la colère**.

La prise de conscience de nos émotions.

Vos réactions intérieures spontanées vous n'y pouvez rien, elles sont normales. Pour les exprimer il vaut mieux commencer par . "Je me sens …" suivi d'un adjectif ou d'un participe passé.

Par exemple : je me sens heureux, ou je me sens détendu.

Je ne suis pas toujours au beau fixe. Il y a des moments où je me sens enjoué, heureux, de ce que je fais, des rencontres passionnantes que j'ai eues. Parfois je me sens plein d'ardeur à mettre en œuvre une nouvelle idée de luminaires. A d'autres moments, sous prétexte de me reposer, je traîne ou je tourne en rond. En fait je cherche une occupation, je ne suis pas content d'être comme cela, je me vois triste.

Il y a aussi des moments où je suis dans l'activisme, où je me fixe des programmes démesurés. Au bout de la journée je me sens alors mécontent et irrité de ne pas avoir assez avancé.

Dans la vie courante vous vous rappelez souvent facilement de vos pensées et de vos actions. Par contre, il est fréquent que vous ne preniez pas vraiment conscience du monde de vos émotions. Une sensation de bien vivre est révélée par vos émotions agréables, par vos joies éprouvées.

Une mauvaise nouvelle peut vous faire éprouver de la tristesse. Une souffrance peut vous faire vivre de l'inquiétude ou de la peur. Une parole maladroite peut vous faire réagir violemment, la colère peut vous submerger.

Vous passez ainsi par différentes phases, agréables, désagréables, excitantes. Vous n'êtes pas toujours au zénith. C'est normal que vous passiez par des hauts et des bas. Il y a des moments où vous êtes satisfaits, joyeux et il y a des moments où vous n'êtes pas contents.

Il y a là tout un monde à découvrir. Prendre conscience de ce qui se passe en vous est certainement l'information la plus importante pour vous révéler "comment vous allez".

Si vous passez sous silence cette part importante, **vous ne comprendrez pas ce qui vous arrive, vous serez balloté par la vie**.

A quoi servent les émotions ?

Lorsque vos besoins sont satisfaits vous éprouvez des émotions de la famille de la joie. Lorsque vos besoins ou vos attentes ne sont pas satisfaits alors vos émotions se situeront dans la tristesse, la peur ou la colère.

Tout cela est normal, vous êtes ainsi fait. Cela vous vient spontanément, vous n'y pouvez rien. Vous n'êtes donc pas responsable de vos émotions. Par contre vos actes volontaires qui en découlent peuvent être répréhensibles.

A la sortie de l'adolescence j'avais soif d'évoluer, de comprendre le monde, de découvrir ce que je pouvais faire de ma vie. J'ai beaucoup cherché dans les activités des façons de me réaliser. Mais il y avait toujours des insatisfactions qui me poussaient à en faire de plus en plus.

Un jour, dans une session de développement de la relation de couple, j'ai entendu : "Dans le faire nous sommes remplaçables, alors que dans l'être nous sommes irremplaçables, nous sommes uniques". Je me suis senti bouleversé comme si un monde nouveau, plein de couleurs s'ouvrait à moi. Cette nouvelle m'a tellement étonné que j'ai arrêté mon chantier de rénovation de notre maison pendant plusieurs mois.

Prendre conscience de votre vie émotionnelle est un beau chemin vers votre bonheur.

Ce chapitre mériterait d'être développé beaucoup plus, il le sera dans un prochain livre.

✎ Comment est-ce que je me sens au bout de cette journée ?

✎ Comment est-ce que je me sens en pensant à ma vie ?

✎ Comment est-ce que je me sens en pensant à mon ouverture à cette vie émotionnelle ? (Dans la joie, la tristesse, la peur ou la colère) A préciser.

5 - Vos besoins pour bien vivre

Une femme qui aime a besoin de vivre auprès de l'homme qu'elle aime !
Paul Géraldy

Vos besoins sont plus faciles à satisfaire que vous ne le pensez.

Vos besoins vitaux et vos besoins principaux

A part ce qui est vital comme manger, boire, se vêtir, être abrité et se reposer, vous pouvez avoir **besoin de sécurité, de détente, de communication, d'affection, d'autonomie, de comprendre, d'accomplissement, d'appartenance, de célébration.**

Dans **le besoin de sécurité,** vous pouvez mettre la protection, le soutien, le réconfort, la consolation et être rassuré.

Dans **le besoin de détente,** vous pouvez mettre le repos, les loisirs, le plaisir et le mouvement.

Dans **le besoin de communication,** vous pouvez considérer l'écoute, la confiance, la justice, la compréhension, l'ouverture, la confiance, la concertation, la confirmation, l'échange, l'estime, la reconnaissance, le respect, la tolérance, la transparence.

Dans **le besoin d'affection,** il y a l'amitié, l'amour, la douceur, la tendresse, la chaleur.

En ce qui concerne **le besoin d'autonomie** vous pouvez avoir besoin d'indépendance, d'espace à soi, d'harmonie, d'intimité, de solitude, de tranquillité, d'équilibre, d'espoir, de liberté, de rêve, de paix, de sérénité.

Dans le **besoin de comprendre** vous mettez la clarté, la précision, la simplicité, la cohérence, la stimulation, la parole.

Pour **l'accomplissement** il y a le besoin d'action, de maîtriser, de participer, la créativité.

Le **besoin d'appartenance** est mis en évidence par la compagnie, la présence, la proximité, la communion.

Dans le **besoin de célébrer** il y a les besoins de fête, de joie, d'humour, de beauté, d'intériorité, de faire le deuil, de remercier, de rendre grâce.

Satisfaire vos besoins

Celui qui est dans la peine due à la perte d'un être cher a besoin de faire le deuil de la personne disparue. Cela peut être aussi la perte d'un animal de compagnie, d'un avantage ou d'un bien.

Si vous êtes dans le regret, si vous ne supportez pas de l'avoir perdu, si vous n'arrivez pas à faire le deuil alors vous allez mal vivre la suite des événements.

Si vous n'êtes pas trop sûr de vous, vous avez souvent besoin de la confiance des autres, peut-être même d'être confirmé dans vos réussites.

Si vous venez de passer par des périodes tourmentées vous avez probablement besoin de calme et de paix.

Le besoin peut, la plupart du temps, être satisfait assez rapidement. La tension du manque "à avoir" diminue, ou disparaît.

Il s'agit essentiellement d'aboutir à la SATISFACTION du besoin.

Si vous n'y arrivez pas c'est la PRIVATION.

Personnellement quand je passe par un moment d'inactivité j'ai besoin de créativité, je réalise alors un objet comme une corbeille à fruit en veillant à ne pas reproduire une forme déjà connue, je l'offre à quelqu'un ou je la vends dans une exposition. J'aime me prouver que je suis capable, j'aime aussi faire plaisir et être reconnu dans ce que je crée.

En partant en vacances avec des amis, je réponds à mon besoin de compagnie et de communion. Si un imprévu m'empêche de partir je vis la privation et ainsi une insatisfaction.

Comment aller vers le bonheur ?

Etre heureux c'est accepter que tout n'est pas toujours possible. De temps en temps certains de nos besoins ne sont pas satisfaits, c'est normal. Comment pourriez-vous apprécier le bonheur s'il était tout le temps au rendez-vous ?

Lorsque tel besoin vous manque, vous vous dites parfois, que vous étiez heureux avant.

Dégustez le bonheur quand il est présent.

<u>Ne soyez pas triste de l'avoir perdu, mais heureux de l'avoir connu.</u> St Augustin

🖎 Quels sont les besoins qui, souvent, me laissent insatisfait(e) ?

🖎 De quoi aurais-je besoin en ce moment ?

6 - Vos envies

Combien de fois abandonnons-nous notre chemin, attirés par l'éclat trompeur du chemin d'à côté ? Paulo Coelho

Parmi vos nombreuses envies, allez vers celles qui vous font du bien à long terme.

Le mot envie revêt plusieurs sens. Le sens commun dit par exemple : "J'ai envie d'une pomme", cela pourrait être d'une pâtisserie. Dans le domaine sexuel, vous avez facilement l'envie de "faire l'amour", l'envie d'une rencontre. Vous pouvez avoir envie d'être entouré de beaucoup d'amis. L'envie peut être teintée de jalousie, de convoitise si vous n'obtenez pas ce que vous voulez. Ce peut être aussi l'envie d'argent, de pouvoir, la tentation est de glisser vers la toute puissance où vous ne respectez plus les autres.

Comment pouvez-vous être heureux si vous écrasez les autres? Vous êtes alors dans vos certitudes, vous vous placez au-dessus des autres, vous risquez d'être bien seul.

Vos envies sont souvent en rapport avec les autres, vous avez envie d'être comme lui ou comme elle. Il vous arrive de vous identifier aux autres, de les imiter et bien sûr vous n'y arrivez pas vraiment ou pas complètement.

Vous voulez essentiellement aboutir au PLAISIR. Mais vous n'y arrivez jamais complètement et ce sont souvent vos mêmes envies qui reviennent.

Sachez vous faire plaisir mais acceptez aussi que vous ne puissiez pas tout avoir. Sachez vivre le manque. Vous connaissez sûrement l'expression : "Dis-moi ce dont tu as envie et je te dirai comment t'en passer."

Après une longue période de travail j'ai envie d'une bonne détente. J'ai envie de changer de décor, sans aller forcément faire un grand voyage. J'ai envie de trouver un coin de nature où je me ressource, un endroit bien ensoleillé avec de l'ombre sous un bel arbre. J'aime respirer l'air pur, admirer les beautés de la nature au printemps et en été. Je prends des photos que je mets en fond d'écran en rentrant, comme cela je continue à vivre ces bons moments avec toutes les émotions qui vont avec.

Vous aimez des quantités de choses comme les voyages, les balades dans la nature, les visites touristiques, la photographie, votre métier, le théâtre, le cinéma, les concerts, la lecture, le sport, la plage, le ski…

Vous recherchez des activités qui vous valorisent comme faire la cuisine, coudre, bricoler, dessiner, peindre, raconter des blagues…

Vous aimez aussi rencontrer des amis, vivre des moments de belle relation avec votre conjoint, vivre en famille, rencontrer des gens d'une autre culture, découvrir de nouveaux horizons, faire la fête…

Ce que j'aime dans la vie en général c'est me promener dans la nature, dans les forêts, en montagne. J'aime observer la faune et la flore, je prends des photos pour emporter des souvenirs pour pouvoir revivre les émotions de ces moments agréables.

J'aime voyager, visiter, rencontrer des personnes d'autres cultures.

J'aime apprendre, acquérir des compétences nouvelles, faire ce que je n'ai encore jamais fait, innover, créer, améliorer des dispositifs qui existent.

✎ Qu'est-ce que j'aime dans la vie en général ?

✎ Quelles sont mes envies les plus fréquentes ?

7 - Vos désirs

Le bonheur, c'est de continuer à désirer ce qu'on possède. Saint Augustin

Le désir a une dimension spirituelle, en rapport avec des **valeurs qui vous font vivre**. A chaque fois que vous mettez ces valeurs dans votre quotidien, vous êtes sur un chemin spirituel.

En même temps cette démarche amène une paix intérieure et vous mène vers la JOIE.

Ces valeurs qui sont personnelles, en lien avec une culture, peuvent être l'amitié sincère, l'amour de soi, de son prochain, de son compagnon ou de sa compagne, la générosité, la bienveillance, l'écoute, la confiance, le respect…

Le désir est plus de l'ordre de la quête d'un idéal. Il ne sera jamais atteint. Certains hommes désirent rencontrer "la femme", probablement la femme rêvée.

Pourquoi vouloir rencontrer une femme telle qu'elle existe dans votre imagination ? Elle n'est pas réelle, vous ne pouvez pas vivre avec une femme idéale, vous êtes dans l'impossible. Là votre nature ou votre toute puissance vous pousse vers un idéal inaccessible.

Si vous acceptez votre condition humaine, c'est-à-dire d'être une personne limitée, qui va à la rencontre d'une autre personne limitée, là vous êtes dans le réel et bien dans le possible. Si vous acceptez, avec humilité, que vous êtes toujours limité, alors un espace de liberté s'ouvre à vous.

Vous étiez bien enfermé dans une image inaccessible. Le bonheur est possible grâce à la liberté d'une personne consciente de sa condition.

Être humble peut vous donner une force de vie incroyable.

Je suis parti en congés au Maroc avec ma femme et un couple d'amis. Moi je rêvais d'un renforcement de notre amitié et de passer une quinzaine bien agréable avec eux dans le même camping-car bien spacieux.

Très vite nos différences se sont manifestées surtout entre lui et moi. Je me suis aperçu que moi je voulais découvrir les différents lieux au fur et mesure de l'avancée sur le chemin, alors que lui voulait suivre un programme établi à l'avance.

Le clash a eu lieu le troisième jour, nous avons eu une bonne explication. J'ai cédé sur mon désir d'une vie cool, insouciante au profit de la préservation de l'amitié. Il s'est calmé quand je lui ai dit : "Nous ferons comme tu voudras". La paix était retrouvée et le voyage s'est terminé dans un bon climat. Malgré tout j'étais un peu frustré quelquefois.

Une vie intense, profonde est intéressante et satisfaisante si elle est en accord avec vous-même, votre conscience et vos valeurs. Elle l'est encore plus si elle est menée au plus près de vos aspirations profondes.

✎ A quoi est-ce que je tiens vraiment ?

Vos valeurs qui vous tiennent à cœur

Vous tenez à quelque chose d'important, à vos yeux, à un essentiel qui vous tient à cœur, que vous mettez au-dessus de tout. Il s'agit de valeurs auxquelles vous tenez beaucoup, qui vous semblent essentielles.

Chacun a ses valeurs propres, même s'il n'en a pas toujours conscience.

Parmi ces valeurs il y a : la gentillesse, la générosité, l'ouverture d'esprit, l'accueil, l'écoute, la confiance, la reconnaissance, la considération, le respect, l'honnêteté, la justice, la fraternité, le civisme, le partage, la sincérité, l'humilité, le sens des responsabilités...

Je tiens à garder une bonne santé. Je tiens à ma paix intérieure et à ce que les personnes autour de moi soient en paix. Que chacun trouve bien sa place, qu'il s'épanouisse, qu'il soit heureux.

✎ Quelles sont, pour moi, les valeurs importantes qui guident ma vie?

✎ Quels sont mes désirs ?

✎ Quelles sont mes aspirations profondes ?

✎ Au fond de moi, qu'est-ce que je désire le plus ?

8 - Vos attentes

<u>Le comble du bonheur est dans l'attente</u>. Jean Ethier-Blais

Les attentes créent des déceptions, des frustrations quand elles ne se réalisent pas.

Quelqu'un vous parle d'un film formidable, vous voyez cette personne rayonnante. Vous risquez d'être déçu lors de la projection car vous n'êtes pas sensible aux mêmes choses. Si vous y allez sans rien attendre vous trouverez mieux ce qui vous convient ou ce qui vous fait vibrer.

Vous jouez à des jeux de hasard pour gagner des millions. Si vous ne gagnez pas, des émotions désagréables peuvent vous envahir.

Vos attentes et votre façon de communiquer

Attendre que quelqu'un d'autre vous aide à dépasser telle difficulté est peine perdue car ça n'arrivera probablement pas. Il faudrait déjà que cette personne sache ce que vous attendez d'elle. Ce qui vous arrive souvent c'est de communiquer, lorsque vous le faites, sur un mode secondaire. Cette façon est peu claire, détournée. Les autres ne comprennent rien ou n'entendent même pas ce que vous exprimez.

Si vous dites : "Il ne fait pas chaud ici !" alors que vous vouliez que la personne comprenne que vous attendez qu'elle ferme la fenêtre, comment voulez-vous que ça marche ?

Vous auriez pu lui dire : ferme la fenêtre ! Et là, vous ne laissez pas la personne libre de ses actions.

Les meilleures demandes sont celles qui font appel à la volonté de l'autre.

Si vous demandez : "Est-ce que tu peux fermer la fenêtre ?" La personne peut répondre oui et ne rien faire. Vous avez donc intérêt à communiquer de la façon la plus claire et la plus directe tout en respectant l'autre dans ses choix.

La façon directe et respectueuse pourrait être : "Est-ce que tu veux bien fermer la fenêtre ? J'ai froid."

*Quand j'ai essayé cette formulation, j'ai été surpris du résultat. Lorsque j'ai demandé à mon fils : "Est-ce que tu veux bien passer la tondeuse ?" Il m'a répondu : "Non, **Oui**". Sa première réaction était le refus habituel. Se rendant compte que la demande n'avait plus la même forme, elle faisait appel à sa volonté, sa réponse est devenue **oui** avec un grand sourire.*

Laissez toujours la liberté à l'autre, faites appel à sa volonté.

Lorsque vous faites une demande à quelqu'un, est-ce que vous êtes capable d'accepter un refus de sa part ?

Lorsque vous attendez que telle personne change, vous êtes souvent déçu car si elle ne le veut pas, ça n'arrivera pas.

Lorsque j'allais voir mes sœurs en Lorraine j'attendais toujours d'avoir de belles discussions avec elles, j'avais beau essayer de les induire, ça ne marchait pas. Un ami m'a dit : "Si tu y va sans rien attendre, en laissant advenir et si tu es attentif, tu vivras mieux". La fois suivante j'y suis allé sans attente, j'ai passé de bons moments d'échanges spontanés.

J'en suis revenu paisible et heureux.

Le chemin du bonheur est très rarement dans l'attente.

Laissez advenir. Accueillez ce qui vient.

Au lieu de chercher à vivre de grandes choses, vivez ces petits instants présents qui arrivent tout au long d'une journée. Ce sont souvent des instants de bonheur.

✎ Qu'est-ce que j'attends de la vie ? Qu'est-ce que j'aimerais vivre ?

✎ Qui est-ce que j'aimerais être ?

✎ Quelles sont mes déceptions ? Et après coup, qu'est-ce que j'attendais ?

36

9 - Votre image

<u>Le bonheur, c'est d'être heureux, ce n'est pas de faire croire aux autres qu'on l'est.</u> Jules Renard

Un jour j'ai vu Gérard, un collègue de travail, se moquer ouvertement d'une faute d'orthographe et donc de son chef. Elle était sur une note de service affichée dans un lieu de passage. Je lui ai demandé : "Tu ne te trompes jamais ?" Il m'a répondu clairement: "Moi, jamais !"

Je me suis dit : "Le jour où il fera une erreur, il va très mal le vivre."

L'image que vous avez de vous-même repose souvent sur une ou plusieurs qualités que vous avez développées depuis votre enfance, pour vous faire aimer et apprécier des autres. C'est ce que vous montrez de vous, vous pourriez dire que vous avancez masqué.

J'ai l'image de l'homme gentil et serviable sur qui on peut compter.

Cette image vous valorise souvent. C'est une bonne chose. Mais elle est parfois lourde à porter.

Quand je réalise des meubles ou des équipements pour nos enfants ou pour des amis je me sens heureux de leur faire plaisir. Mais quand ça arrive trop souvent et que je n'ai plus un moment pour moi alors l'envie de rendre service disparaît.

Cette image peut vous enfermer dans un seul domaine alors que vous avez laissé de côté tout un potentiel inexploité.

Il est arrivé que plusieurs amis comptent sur moi pour des réalisations qui ne m'enchantent pas forcément, qui risquent de m'entraîner trop loin à mon goût. J'ai pu leur dire mes peurs de ne plus avoir du temps pour moi et mes envies de m'investir dans d'autres registres comme l'art ou la lecture que j'ai délaissés et qui développent ma sensibilité et mon envie de créations artistiques. Maintenant je choisis le plus souvent les réalisations qui développent aussi mon côté créatif.

Vous avez développé probablement d'autres images de vous-même que vous laissez, peut-être, en sommeil ou dont vous n'avez pas vraiment conscience.

Depuis que je m'intéresse à mon développement personnel je me suis aperçu que je suis doué dans l'écoute et l'accompagnement.

✎ Quelle image ai-je de moi ? Comment est-ce que je me vois ?

10 - Votre vie affective, sentimentale et sexuelle

Vous êtes responsable de ce qui vous arrive.

Votre bonheur ne tient qu'à vous.

Personne ne vit bien sans amitié, sans amour, sans chaleur, sans douceur, sans tendresse.

Comment pouvez-vous obtenir toutes ces belles choses ?

Beaucoup de personnes se plaignent de leur vie sans saveur, elles râlent après les autres ou elles sont agressives. Ce qui leur manque c'est l'ouverture aux autres. Les autres gagnent souvent à être connus, vous avez trop souvent des préjugés ou des présuppositions à leur égard. Le pessimisme est un poison qui vous sépare des autres. Quand vous êtes seulement centrés sur vous-mêmes, vous êtes enfermés avec vos problèmes, vos souffrances. Vous ne voyez plus que ce qui ne va pas.

Pourquoi vous gâcher la vie ?

Allez vers l'optimisme en changeant votre regard.

Regardez d'une manière objective ce qui va dans votre vie, ce qui est beau. En passant à côté de quelqu'un vous pouvez lui faire un sourire, lui dire bonjour avec entrain et joie. Vous allez lui égayer sa journée, car il va même vous répondre avec un sourire. Ce qui montre que vous avez des influences positives sur les autres si vous agissez de la sorte.

En allant à un thé dansant avec mon épouse je lui ai proposé de nous asseoir avec des inconnus alors qu'il y avait encore des tables vides. Elle a accepté et j'ai demandé, avec un grand sourire, à des occupants d'une table à moitié pleine si nous pouvions nous asseoir à leur table. Ils ont accepté, nous avons passé une très bonne après-midi.

Quand vous allez vers les autres, le plus souvent, les autres s'ouvrent à vous. Des amitiés peuvent naître, des relations cordiales et même chaleureuses peuvent démarrer. **Vous ne pouvez pas changer les autres**. Mais si vous **changez quelque chose en vous**, vous allez induire le changement des autres.

Vous pouvez passer vos journées à croiser beaucoup de monde sans rencontrer personne. C'est le cas des bains de foule, vous pouvez y être complètement seuls.

Quand j'étais étudiant à Reims je marchais souvent seul sur la place Drouet d'Erlon, noire de monde, les yeux dans le vague, je ne voyais personne. Ma tristesse m'isolait dans une bulle.

La vie est faite de rencontres

Vous pouvez aussi regarder les personnes que vous croisez et même les rencontrer.

Aujourd'hui j'habite à St Etienne, j'aime cette ville et surtout ses habitants souvent simples et sympathiques. Quand je marche dans la rue je regarde les gens, parfois sous prétexte d'un renseignement je m'arrête et je leur parle.

Je pense que ce n'est pas tant lié au lieu mais plutôt à mes dispositions intérieures. Je constate que je ne suis plus le même.

Intéressez-vous aux personnes que vous croisez.

Au-delà de la curiosité, vous apprendrez beaucoup de vous-même. Faites-les parler de ce qu'elles aiment dans leur vie, vous allez vous enrichir. Une ouverture vers une rencontre plus approfondie est possible.

Si vous vous intéressez au vécu d'une personne, il y a de grandes chances qu'elle s'ouvre à vous.

Sur le chemin de St Jacques j'ai fait de belles rencontres. Avec ma femme nous avons fait un bon bout de chemin avec Bernadette et Raymond, ils m'ont ouvert à une dimension spirituelle lors de nos passages dans les églises et les chapelles.

Nathalie, la Luxembourgeoise, se reposait au bord du chemin dans l'herbe. Bonjour ! Le soir nous l'avons invitée à notre table, le hasard a voulu que nous soyons dans le même gîte. La soirée était gaie, nous avions tellement d'anecdotes à nous raconter. Nous l'avons retrouvée trois jours de suite, nos échanges devenaient de plus en plus joyeux.

Certains d'entre vous cherchent de l'amitié, de l'amour sur des sites de rencontres, c'est bien. Avoir un visage en face de soi plutôt qu'un écran d'ordinateur, n'est-ce pas beaucoup plus beau.

Une vie sentimentale commence de préférence par "se connaître", par "se découvrir", au sens figuré bien sûr. Au sens propre, beaucoup le font quand ils couchent le premier soir. Tout dépend de ce que vous souhaitez créer, une relation d'un jour ou une union pour la vie.

Si vous avez grillé les étapes, il est toujours temps d'apprendre à se connaître mieux, même si vous êtes ensemble depuis des années.

Dans une relation affective l'attirance est agréable, voire indispensable.

Mais vous le savez peut-être, ce sont des données scientifiques. L'attirance sexuelle dure en moyenne 36 mois, c'est-à-dire 3 ans. C'est en grande partie pour cela que vous croyez que, **quand l'attirance physique cesse, vous ne vous aimez plus**. C'est faux !

C'est pourquoi vous avons intérêt à construire autre chose qui va résister à l'usure du temps. Vous allez voir cela au dernier chapitre.

Votre vie sexuelle

L'attirance sexuelle vous aide à apprendre à vous aimer. C'est aussi une dimension de la relation à ne pas négliger, en plus elle évolue au cours de notre vie, selon que vous êtes homme ou femme.

Au départ d'une relation de couple vous êtes dans une illusion. Vous croyez que parce que vous vous aimez de la sorte c'est que vous êtes pareils, que vous voulez la même chose.

D'après des données scientifiques, **l'homme est programmé pour la survie de l'espèce**, il a naturellement des envies physiques de faire l'amour et ce presque toute sa vie.

La femme, elle est programmée pour enfanter, de la fin de l'adolescence jusqu'à 45 ans environ. L'homme et la femme n'ont donc pas les mêmes motivations, ils ne sont pas sur la même longueur d'onde, tout cela étant en grande partie inconscient.

Vous les hommes, vous constatez bien que les femmes ont, en général, moins envie de faire l'amour après la naissance des enfants. Elles sont attachées différemment que les hommes à leur progéniture, pour elles c'est la chair de leur chair.

A la ménopause leur libido diminue encore plus. Si vous n'avez pas assez conscience de cela, vous ne vous comprenez plus, vous ne comprenez pas pourquoi ça ne marche plus. "Tu n'es plus celle que j'ai épousé".

Il y a quelque chose d'autre à construire pour que la relation reste harmonieuse et pourquoi pas, encore plus belle.

L'évolution de la vie sexuelle

La relation "attirance" va souvent se transformer en "attachement". Ce dont la femme a besoin pour rester dans l'envie c'est de développer les échanges verbaux, de parler, d'être écoutée comme préambule, beaucoup plus qu'avant. Elle aime les gestes de tendresse, des paroles valorisantes. Son ouverture à l'acte physique est à ce prix.

Dans son livre, Olivier Florant (sexologue chrétien), "**Ne gâchez pas votre plaisir, il est sacré**" dit que la femme est responsable de son plaisir dans l'acte sexuel. Ce qui veut dire que l'homme ne peut pas tout faire, en même temps s'occuper aussi du plaisir de sa femme.

Votre bonheur, vous en êtes responsable.

✎ Quelle est votre évolution dans votre vie affective ?

✎ Que pourriez-vous essayer de mettre en œuvre, en tant qu'homme ou femme, pour mieux vivre votre vie sentimentale et sexuelle ?

11 - Votre vie spirituelle

Les **plus grands hommes sont humbles**, ils ne sont jamais enfermés dans une question piège car ils savent dire "je ne sais pas". Il n'en est pas de même avec ceux qui sont dans la politique ou qui ont de grosses responsabilités : ils pensent qu'ils doivent tout savoir et ne jamais montrer leurs faiblesses.

L'humilité vous donne une grande force intérieure, une grande liberté. Les gens humbles sont crédibles et dignes de confiance. Ils sont dans la dynamique du bonheur.

Vous avez tous une vie spirituelle, croyants ou non.

Ne dit-on pas qu'un être spirituel a de la finesse, de la vivacité d'esprit, de l'intelligence et de l'humour ?

Une personne spirituelle est ouverte aux autres, elle a un bon sens moral, elle est bienveillante, elle agit pour la justice et pour la paix.
Pour ceux qui croient en Dieu, la vie spirituelle est développée grâce à tous ces messages que vous trouvez dans la Bible, ce livre qui fait partie du patrimoine de l'humanité. Tout le monde peut y trouver matière à aller vers le bonheur.

Dieu veut votre bonheur **"Je suis venu pour vous libérer de vos chaines."**

Votre éducation a pu vous enfermer à cause de messages que vous avez reçus et mal interprétés. Par exemple une promesse faite un jour à quelqu'un, est-ce qu'il faut absolument l'exécuter ? Votre conscience peut vous perturber une vie entière si vous ne l'exécutez pas.

Vous êtes alors dans un chemin qui ne vous convient pas, qui n'est pas bon pour votre épanouissement, **c'est un chemin de mort**. Mais vous pouvez vous en libérer en vous disant que vous n'êtes pas responsable de ce que cette personne vous a imposé. Si Dieu vous veut libre alors il faut désobéir, dire non, à ce chemin-là.

"Choisis la vie". Au lieu de vous laisser enfermer vous pouvez **choisir un chemin de vie**, celui qui va vous épanouir, vous mener au bonheur.

Votre condition humaine, d'homme et de femme, vous indique que vous n'êtes pas parfait, vous êtes limité. Vous n'y pouvez rien.

Dans votre vie vous êtes sans cesse tenté de devenir meilleur que les autres. Vous participez à des compétitions sportives, à des jeux : de connaissances, de compétences, d'argent, de pouvoir... Vous voulez toujours gagner plus, réussir mieux, devenir plus riche, être élu à des mandats de plus en plus élevés. A quel prix ?

Vous finissez par sacrifier votre vie personnelle, affective. Vous y perdez votre paix intérieure et votre liberté.

Le chemin qui va vers **le bonheur n'est pas dans l'avoir** qui est une illusion, **il est dans l'être**, dans votre vie intérieure.

Nous ne pouvons pas parler de vie spirituelle sans parler d'amour. C'est ce que vous allez voir au chapitre 21.

✎ Suis-je conscient que j'ai aussi une vie spirituelle ?

✎ Qu'est-ce que je pense de l'humilité ?

12 - Vos croyances, vos "fausses croyances"

Le bonheur n'est pas le fruit de la paix, le bonheur, c'est la paix même.
Alain

Croire qu'en gagnant telle épreuve sportive vous serez heureux est une illusion. Au mieux vous allez vivre une belle joie.

Le chemin du bonheur n'est pas souvent celui de la compétition.

Quand vous parlez de vos points forts, vous êtes en compétition. Par contre **lorsque vous parlez de vos faiblesses, vous êtes en communion.**

Il y a des croyances qui vous pourrissent la vie. Elles proviennent de paroles entendues pendant votre enfance comme :

Je ne suis pas désirable.

Je n'ai pas le droit d'être heureux.

C'est normal que je souffre, je dois souffrir pour vivre.

Je n'ai pas le droit de rire, de m'amuser, de me faire plaisir.

C'est une fausse croyance que de croire qu'il faut être jeune, riche, beau, et en bonne santé pour être heureux.

Si la jeunesse est belle pour ses découvertes, l'âge mûr est l'occasion d'affiner, de mettre en application, d'expérimenter, de chercher le chemin qui vous correspond, qui vous épanouit.

Il est faux de croire que la richesse apporte le bonheur. Si on est riche, on peut tout acheter, tout avoir. Mais vous ne pouvez pas acheter le bonheur. Le bonheur c'est à vous de le construire.

Vous pouvez être heureux sans être beau. La beauté se flétrit au cours du temps. Le bonheur peut perdurer.

Bien sûr c'est plus confortable d'avoir la santé, mais la maladie peut être l'occasion de faire le point sur ce qui est important et ce qui l'est moins.

Vos illusions

C'est une illusion que de croire que si vous aviez le "tout savoir", le "tout pouvoir" et la vie éternelle vous seriez heureux. C'est même tout le contraire, la vie serait triste, ce serait peut-être même l'horreur.

Si vous saviez tout, où serait le plaisir d'apprendre, d'évoluer, de réussir ?

Si vous pouviez tout, où serait le plaisir d'accéder à tel ou tel but ?

Si vous étiez éternels, plus besoin de veiller sur vous pour être en forme, pour ne pas avoir d'accident. Votre plaisir n'est-il pas de prendre soin de vous, de vous respecter, de vous accepter et de vous aimer avec vos faiblesses.

Des psychologues disent : "Pour bien vivre il faut considérer la vie sur une épaule et la mort sur l'autre." Ce qui veut dire que vous devez prendre soin de votre vie car vous êtes mortel.

En pensant à cela, quand je prends le volant, je suis beaucoup plus attentif au risque d'accident.

✎ Quelles sont mes tentations ?

✎ Est-ce que j'ai de fausses croyances ?

✎ Après quoi est-ce que je cours et qui ne me donne pas la joie ?

13 - Vos peurs

<u>La peur de perdre l'autre, c'est un manque de confiance en soi</u>. Pierre Bourgault

Vos peurs sont des indicateurs que vous avez besoin de quelque chose.

Vous avez peur de beaucoup de choses.

Vos peurs vous évitent parfois de faire de grosses bêtises. Si vous avez peur de dire des paroles blessantes, cette peur est là pour vous pousser à réfléchir avant de parler, à choisir des mots plus respectueux.

La peur de l'accident vous amène naturellement à être plus vigilant. Elle vous protège.

Si vous avez peur de perdre une amitié vous allez prendre soin de la personne, la rencontrer, lui parler, l'écouter, l'inviter.

Vous pouvez avoir besoin d'une présence, d'être rassuré ou protégé lorsque vous avez peur de l'agression.

La timidité est la peur d'aller vers les autres, en fait c'est la peur d'être jugé, d'être ridicule, d'être rejeté. Elle est le résultat d'un manque de confiance en soi.

Vous pouvez avoir peur de l'abandon, de perdre quelqu'un, d'être seul, c'est probablement que vous avez besoin de présence, de proximité, de tendresse.

Si vous avez peur de rater c'est que vous avez besoin d'être confirmé, encouragé ou qu'on vous fasse confiance pour retrouver la confiance en vous-même.

La peur de ne plus être aimé cache souvent la jalousie, elle entraîne parfois l'agressivité.

Toutes ces peurs vous font souffrir, entraînent des comportements souvent disproportionnés.

Personnellement, je pense que je n'ai pas beaucoup de peurs. Pourtant j'ai peur du conflit, cela me pousse à tout faire pour l'éviter.

J'ai aussi peur de l'accident quand je travaille avec des machines dangereuses.

La peur de perdre l'amour me pousse à développer beaucoup de qualités comme l'écoute, la confiance, la tolérance, la gentillesse.

Comment en sortir ?

La première étape importante est de prendre conscience de vos peurs, de les nommer, de les exprimer à quelqu'un.

La deuxième étape est de chercher le besoin ou les besoins cachés non satisfaits.

La troisième étape est de vous demander ce que vous pourriez faire pour satisfaire vos besoins, si possible par vous-même, sans faire de reproches aux autres.

Ces peurs ne vont pas disparaître mais s'atténuer énormément si vous répétez souvent cette démarche. Vous allez ainsi retrouver la sérénité et la paix.

✎ Quelles sont mes peurs ?

14 - Vous et les autres

<u>Hors la société, il ne me manquait rien pour être parfaitement heureux.</u>
Robinson Crusoé

Vous avez besoin des autres pour bien vivre et vous **épanouir.** Les autres sont votre miroir, ce sont eux qui révèlent, par le jeu de vos échanges, ce que vous êtes.

Il est plus facile d'aller vers les autres si vous vous acceptez tel que vous êtes, avec vos points forts et aussi avec vos faiblesses, vos doutes, vos peurs, vos fragilités.

Posez-vous la question suivante : est-ce que je m'aime et m'accepte tel que je suis, ombre et lumière ?

Si votre réponse est plutôt positive alors vous avez de grandes chances d'accepter, la plupart du temps, les autres comme ils sont. Vous avez de bonnes dispositions pour aimer les autres avec leurs qualités (ça c'est facile), et surtout avec ce que vous voyez comme des défauts.

Vous irez ainsi beaucoup plus facilement vers les autres.

Puisque vous avez besoin des autres, eux ont aussi besoin de vous.

L'homme est un être de relation. Si vous êtes attiré par les autres c'est qu'ils ont quelque chose que vous n'avez pas. Vous avez envie de les rencontrer pour découvrir cette différence qui va vous enrichir. Vous évoluez grâce à ce que les autres vous apportent.

Pendant longtemps j'ai exercé dans un domaine professionnel technique. Puis j'ai eu l'opportunité de travailler en relation avec des artistes plasticiens. Leur regard fort différent du mien m'a sensibilisé à l'esthétique. Dans le développement de mes projets de construction de meubles je me suis appliqué à épurer leurs lignes, je me suis ouvert au design.

D'autre part j'ai beaucoup appris et expérimenté dans une association de communication pour une meilleure relation de couple (Vivre et Aimer). Et aussi que j'ai intérêt à respecter l'autre dans mes paroles et mes actes. Je me vois, aujourd'hui, beaucoup plus libre, plus épanoui, plus joyeux, plus heureux.

✎ Qu'est-ce que les autres m'apportent ?

✎ Qu'est-ce que je pense que je peux apporter aux autres ?

✎ Comment est-ce que je me comporte avec les autres ?

15 - Votre écoute des autres

<u>Avoir des amis, c'est être riche</u>. Plaute

<u>Quand nous cessons d'écouter, nous cessons d'aimer</u>. Michel Bouthot

Vous croyez souvent que vous avez une bonne façon d'écouter et que vous êtes de bon conseil.

Ce n'est pas toujours aussi simple d'écouter quelqu'un.

Les pièges de l'écoute

Il y a plusieurs pièges qui font que vous n'écoutez pas vraiment, notamment quand :

Vous jugez. "Ce n'est pas bien ce que tu as fait !" Vous allez enfermer la personne ou la bloquer. Elle va peut-être se fermer comme une huitre.

Vous donnez des conseils. "Moi je te conseille d'abandonner!" Un conseil va provoquer une réaction de rejet car cet avis paraîtra mal adapté.

Vous cherchez des solutions. "Tu devrais essayer de faire ceci ou cela !" Quand vous donnez une solution, la personne ne pourra pas la choisir puisque l'idée ne vient pas d'elle.

Vous analysez ce qui est dit. "Je sais ce qu'il te faut…" Vous décortiquez souvent ce que l'autre dit, vous coupez les cheveux en quatre. Vous vous placez au-dessus de lui. Vous le regardez de haut.

Vous avez réponse à tout. "Je vois très bien ce qui t'arrive… " Vous pensez tout savoir. La réaction sera souvent : "Tu ne comprends pas ce que je dis"

Vous ramenez tout à vous. "C'est comme moi quand…" Quand cela arrive la personne s'arrête de parler, ses oreilles se ferment et vous pouvez dire ce que vous voulez, elle n'entendra plus rien. Elle ne se confiera plus à vous.

Le résultat est presque toujours le même, la personne "écoutée" ne peut plus continuer à s'exprimer. Elle aura l'impression de ne plus exister.

Tout le monde tombe dans ces pièges à un moment ou à un autre.

Une bonne écoute suppose que vous essayiez d'éviter ces pièges.

Comment écouter vraiment ?

Vous écoutez généralement ce que raconte la personne, les faits, les situations. Vous écoutez beaucoup moins ce qui est important, peut-être vital pour elle : son vécu.

C'est-à-dire les émotions que la personne ressent. Ce n'est pas naturel, mais c'est ça qui est le plus important.

C'est même ce qui est le plus essentiel pour elle, c'est cela qui traduit sa réalité.

La personne qui parle doute souvent d'être vraiment écoutée. Pour lever ce doute, la meilleure façon de faire pour l'écoutant est de reformuler ce qui a été exprimé (les émotions sont les plus importantes).

Deux types de réponses sont possibles. "Oui c'est bien cela". Ou "non ce n'est pas cela, c'est plutôt ceci". A l'écoutant de continuer: "Peux-tu en dire plus ?"

Etre écouté c'est probablement ce dont chacun a le plus besoin.

Ecouter quelqu'un, c'est le faire exister.

Ecouter c'est respecter l'autre dans ce qu'il a de plus précieux.

Ecouter c'est ne rien faire, mais le faire bien !!!

"Tout ce que je te demande, c'est que tu m'écoutes.
Non que tu parles ou que tu fasses quelque chose :
je te demande uniquement de m'écouter.

Je veux agir par moi-même, je ne suis pas impuissant,
peut-être un peu découragé ou hésitant,
mais non impotent.

Quand tu fais quelque chose pour moi,
que je peux et ai besoin de faire moi-même,
tu contribues à ma peur, tu accentues mon inadéquation.

Et si tu veux parler, attends juste un instant et je t'écouterai.

Extrait de "Peux-tu simplement écouter ?" Auteur anonyme indien.

✎ Quelle est ma façon d'écouter les autres ?

16 - Votre confiance dans les autres

<u>La confiance engendre la confiance</u>. Thomas Hardy

Comment pouvez-vous faire vraiment confiance aux autres si vous n'avez pas confiance en vous-même ?

<u>La confiance en soi retrouvée autorise une certaine confiance aux autres</u>. Pierre Bourgault

<u>La confiance en soi, c'est la lumière qui éclaire notre route</u>. Jean Castaldi

<u>Qui a confiance en soi conduit les autres.</u> Horace

<u>Si vous avez confiance en vous-même, vous inspirerez confiance aux autres</u>. Johann Wolfgang Von Goethe

Commencez donc à développer votre confiance en vous-même, les autres vous feront confiance et vous aurez confiance dans les autres.

Vous pouvez aussi **décider de faire confiance**. Vous pouvez passer l'éponge, repartir en refaisant confiance si elle a été trahie.

Quand un des jeunes dont j'avais la charge faisait une bêtise, après une bonne explication, je décidais volontairement de refaire confiance les jours suivants. Après cela, moi je vivais beaucoup mieux et lui, j'en suis sûr, aussi.

Vous entendez parfois, "ne fais confiance à personne, tu ne seras pas déçu". Mais en agissant ainsi vous êtes seul avec vos peurs, vous finissez par douter de tout et de tout le monde.

La bonne mesure est entre les deux, c'est de faire confiance le plus souvent mais de réfléchir quand même aux risques de se faire avoir.

Moi je préfère me faire avoir, de temps en temps, plutôt que de me méfier de tout le monde. Comme disait la grand-mère de ma femme : bon et bête commencent par la même lettre. Je préfère jouer la carte de la bonté, ma vie est alors plus belle.

✎ Est-ce que je connais d'autres citations qui m'inspirent ?

✎ Où est-ce que je situe la confiance que j'ai en moi-même ?

✎ Comment est-ce que je fais confiance aux autres ?

17 - Le lâcher prise

<u>Soyez heureux, agissez dans le bonheur, sentez-vous heureux, sans aucune raison</u>. Socrate

Le lâcher prise c'est mettre vos peurs, injustifiées le plus souvent, de côté pour vous ouvrir aux idées des autres et **accueillir l'autre avec sa différence**.

Vous vous cramponnez souvent à ce que vous avez dit. Vous avez du mal parfois à entrer dans ce que l'autre dit. Vous voulez avoir raison. Si vous êtes dans ce schéma, vous vous coupez des autres, le jeu de la relation n'est plus possible.

Vous avez vu ces débats à la télévision où chacun s'écoute parler, personne ne s'enrichit des points de vue des autres. Chacun repart à la fin avec ses certitudes. Le résultat : tout le monde a perdu son temps, surtout le spectateur.

Comment lâcher prise ?

Par contre si vous commencez à lâcher prise de tout ce que vous voulez maîtriser, le plaisir de l'échange peut démarrer. Vous arrivez ainsi à vous ouvrir à l'autre, à vous enrichir mutuellement. C'est mieux pour vous et c'est mieux pour les autres.

Je suis passionné de bricolage et constructions en tout genre. Je n'ai pas su initier nos quatre enfants dans ce domaine.

J'avais besoin de tout maîtriser, la qualité, l'efficacité. J'avais peur que ça soit moins bien fait et aussi de l'accident sur mes machines à bois. Je suis resté seul alors qu'au fond j'aurais voulu une bonne proximité avec nos enfants.

✎ Quels sont les domaines ou les situations où j'ai besoin de tout maîtriser ?

✎ De quoi ai-je peur ? Qu'est-ce que j'ai peur de perdre ?

✎ Qu'est-ce que je pourrais gagner en lâchant prise ?

18 - Votre énergie pour vous épanouir

<u>Le vrai bonheur ne dépend d'aucun être, d'aucun objet extérieur. Il ne dépend que de nous.</u> Dalaï Lama

Votre **première naissance est passive**, vos parents vous ont transmis la vie. Ils ont ensuite pris plein de décisions, "bonnes" pour vous.

Une deuxième naissance est nécessaire, c'est à vous d'inventer votre vie, celle qui correspond à votre nature. C'est à vous de trouver votre chemin et ce jusqu'à la fin de votre vie.

Regardez l'énergie que déploie un enfant pour se développer dès les premiers jours de sa vie. Voyez toute l'énergie que dépensent les parents pour aider l'enfant dans son évolution. Regardez les crises que traversent les adolescents pour trouver leur place dans la société. Constatez combien c'est difficile de devenir adulte, de devenir vous-même.

Vos aspirations profondes vous guident

L'énergie nécessaire, à chaque instant, est importante pour répondre à vos besoins vitaux, à vos envies d'évolution. Elle est guidée par vos désirs et vos aspirations profondes. C'est pourquoi il est si important de savoir ce que vous voulez, ce à quoi vous aspirez, sur quelles valeurs vous vous appuyez.

Pour moi, vivre c'est évoluer. C'est développer mes compétences physiques, mes capacités. C'est toujours continuer à apprendre quel que soit l'âge. Je me suis aperçu que presque tout ce que j'utilisais dans mon métier je ne l'avais pas appris à l'école.

J'imagine mal rester en place sans bouger. Lorsque je suis dans un projet je n'arrive plus à m'arrêter. Si une opération me résiste je suis capable d'y passer un temps fou.

Quand je n'avance plus j'ai l'impression de reculer.

✎ Suis-je motivé pour évoluer et m'épanouir ?

✎ Est-ce que je trouve l'énergie en moi pour m'épanouir ?

19 - Devenez créatif

<u>Le bonheur est une recherche. Il faut y employer l'expérience et son imagination</u>. Jean Giono

<u>L'imagination est plus importante que le savoir</u>. Einstein

Si Einstein dit cela, il sait de quoi il parle : sans imagination l'humanité serait encore à l'âge de pierre. Heureusement l'homme a cette capacité d'évolution contrairement aux animaux : même si ces derniers s'adaptent à leur milieu, ils évoluent peu.

Vous avez aussi du bon sens qui vous permet d'évaluer ce qui a marché et ce que vous n'avez pas réussi. Vous avez cette capacité à imaginer et à expérimenter des voies nouvelles. C'est assez naturel dans les domaines technologiques.

Le pouvoir des mots

Dans les relations humaines vous avez plus de mal à évoluer, il s'agit là d'un jeu entre deux personnes ou plus, chacune évoluant à son rythme. Vous avez assez souvent du mal à prévoir les réactions de l'autre.

Quand une situation difficile se présente, vous voyez généralement deux actions possibles, soit se recroqueviller, soit attaquer. Il y a une troisième possibilité c'est la parole.

Vos mots peuvent expliquer, aider à comprendre, rassurer, convaincre, exprimer des demandes, créer la paix. Vos mots peuvent aussi agresser, blesser, déstabiliser, créer des hostilités, déclarer la guerre. Vous pouvez le faire volontairement, heureusement pas trop souvent, ou involontairement.

Vous avez intérêt à prendre conscience de votre façon de communiquer et des effets produits sur les autres. Prendre conscience de vos comportements est nécessaire pour imaginer des solutions adaptées à l'effet que vous souhaitez produire.

Dans les relations avec les autres je suis très attentif à ce qui pourrait créer un conflit, que ce soit avec moi ou entre deux personnes. C'est à la fois mon point faible car quand ça me dépasse je prends naturellement la fuite, je ne reste pas au pied du mur. Et c'est mon point fort car je devine ce qui pourrait créer le conflit, j'arrive souvent à déjouer les animosités. Je joue assez naturellement le rôle de médiateur.

Devenez créatif, c'est un beau chemin vers le bonheur.

✎ Est-ce que j'aime faire ce que je sais bien faire ?

✎ Quand ça va moins bien, est-ce que je cherche des idées pour retrouver le bien-être ?

✎ Est-ce que je suis toujours en train d'essayer d'améliorer les choses ?

20 - Soyez fécond

<u>Il y a du bonheur dans toute espèce de talent</u>. Balzac

Si la vie est un fruit, chaque jour est une graine.

Est-ce que vous pouvez être fécond autrement que par la procréation ?

Bien sûr, vous pouvez être fécond d'une multitude de façons.

Vous avez divers dons et talents. Ne les laissez pas en sommeil, développez-les. Il y a tout ce qui touche aux arts graphiques, photographiques, cinématographiques, musicaux. Vos créations peuvent égayer votre vie et celle des autres.

Si **vous avez des talents** dans les domaines du sport, du théâtre, de la danse, vous allez vous épanouir et vos prestations vont vous faire passer de bons moments ainsi qu'à vos spectateurs.

Si **vous avez des dons pour la parole**, vous pouvez encourager, apaiser, rassurer, convaincre, fédérer, initier, enseigner…

Si **vous avez des talents dans les domaines des loisirs créatifs ou du bricolage**, vous pouvez vous faire plaisir et offrir des cadeaux personnalisés.

Mettez-les au service des autres, vous allez créer de belles amitiés, de nobles associations et entraîner de bonnes actions.

Si vous ne vous retrouvez pas dans ce qui est décrit, cherchez bien, **vous avez forcément des atouts**. Votre sourire, votre accueil, votre gentillesse, votre humour, vos amis vous l'ont peut-être déjà dit. Posez leur la question.

Avec mon épouse nous sommes engagés dans le mouvement "Vivre et Aimer". Nous avons beaucoup reçu au niveau de la communication dans la relation de couple. A notre tour nous donnons avec notre charisme. Par l'écoute, l'accompagnement et l'animation de sessions nous aidons des couples à construire une relation qui leur corresponde.

Pendant une session Sylvie vient nous voir en pleurs, se voyant devant une impasse avec Matthieu. Nous l'avons longuement écoutée, puis nous avons prononcé des paroles qui l'ont rassurée. "Les difficultés quand nous arrivons à les traverser, par des paroles échangées, consolident un couple". Sylvie et Matthieu sont repartis à la fin de la session, bras dessus, bras dessous et rayonnants. Quelle joie pour nous aussi de voir cela.

✎ Quelle forme particulière pourrait prendre votre fécondité ?

21 - Apprenez à aimer

On ne peut être heureux quand on ne vit que pour soi, quand on rapporte tout à son propre intérêt. On ne vit vraiment pour soi qu'en vivant pour un autre. Sénèque

Il y a aussi le dicton : Commence par t'aimer toi-même si tu veux que les autres t'aiment.

Sur cette terre s'il n'y avait qu'une action à mener, ce serait celle d'apprendre à aimer.

La langue française est très riche en vocabulaire. Mais voilà, quand vous arrivez au verbe aimer vous pouvez constater rapidement qu'il est flou ou que sa signification est très large, chacun y met ce qui lui convient.

"J'aime les fleurs, j'aime les animaux, j'aime le chocolat, j'aime voyager, j'aime lire, j'aime ma femme, j'aime mon compagnon, j'aime mes enfants". Vous constatez qu'il ne s'agit pas du tout des mêmes registres.

L'amour d'une personne pour une autre

Beaucoup de personnes croient que l'amour vous tombe dessus, que c'est un état.

"Je suis tombé amoureux. Je te quitte parce que je ne t'aime plus". "J'ai rencontré quelqu'un d'autre avec qui je suis bien, je l'aime, je n'y peux rien". Sans savoir, ces personnes se trompent ou elles sont dans une illusion.

Aimer ce n'est pas un état, c'est une action.

Ne pas confondre "aimer" et "être amoureux".

"Être aimé" va de l'autre vers nous, "aimer" va de nous vers l'autre ou les autres.

Amusez-vous à chercher ce qu'est "aimer".

✎ Je vous propose un exercice enrichissant, prenez une feuille ou un carnet, et notez toutes les idées qui vous viennent, en commençant chaque phrase par : "Aimer c'est …".

Ne vous limitez pas seulement à l'amour charnel (éros), pensez à votre compagne, à votre compagnon, à ce que vous souhaitez pour elle ou pour lui. Pensez à vos enfants, à vos proches, à vos amis, à vos collègues de travail, aux personnes que vous rencontrez, à la personne que vous croisez souvent ou occasionnellement dans la rue.

Je vous donne un exemple :

"Aimer c'est vouloir du bien à l'autre, l'accepter comme il est, avec ses qualités et ses défauts"

Vous verrez rapidement que cette énumération n'a pas de limite. Fermez votre livre !

Je vous souhaite de belles découvertes. C'est parti !

Les différentes formes d'amour

Les grecs distinguaient déjà quatre types d'amours :

L'**éros** est en lien avec l'attirance sexuelle et le désir charnel. La **philia** se rapproche de l'amitié, d'une forte estime réciproque entre deux personnes, dans l'antiquité grecque, entre deux personnes de même sexe. L'**agapè** est l'amour du prochain, se rapprochant de l'altruisme, il est spontané avec une réelle empathie, il n'attend rien en retour. Et enfin la **storgê** qui concerne l'amour familial, l'affection d'un parent pour son enfant.

Pour l'amour d'un homme et d'une femme, la société d'aujourd'hui vous propose une forme d'amour "contrat". Je t'aime pour ce que tu m'apportes, je suis aimé de toi pour les services que je te rends, le couple est dans le schéma du "donnant-donnant". Il y a une forme de réciprocité qui fonctionne bien, chacun peut s'épanouir harmonieusement, chacun est heureux de cette situation.

Mais si un jour l'un vient à manquer à ses "devoirs", surtout si ça se répète, l'autre réagit et c'est peut-être le début d'une vraie histoire qui commence. Cela pourrait être aussi le début d'une relation qui décline.

Il arrive aussi que chacun commence à compter les points. "Tu n'as pas fait ceci, je ne vois pas pourquoi je me casserais la tête à faire cela". Dans l'antiquité les hommes étaient souvent dans le schéma "œil pour œil, dent pour dent".

"Seriez-vous retombés là-dedans ?"

Vous voulez souvent que votre conjoint change, qu'il se conforme à l'image idéale que vous aimeriez trouver chez lui ou que vous aviez vu au début de votre relation.

En fait vous croyez que tout irait tellement mieux s'il changeait. Est-ce que vous pouvez obliger l'autre à changer selon votre schéma ? Qui deviendrait-il ? Il ne serait plus lui-même.

Bien sûr il y a des défauts de l'autre qui sont difficiles à vivre. Une personne a un ensemble de qualités et aussi un ensemble d'imperfections. Il arrive que des qualités que vous appréciez chez l'autre, au début de votre histoire commune, deviennent insupportables.

Par exemple, "ce qui m'attirait chez toi c'est ta facilité à aller vers les autres et maintenant je n'apprécie pas du tout quand tu prends plaisir à bavarder avec eux sans te soucier de moi. J'ai l'impression de ne plus exister, de devenir insignifiant".

Qu'est-ce qui se passe ? "Tu es ce que j'aimerais être et alors je suis jaloux, ou je ne supporte pas ce que je suis".

Dans les deux cas vous êtes malheureux.

La romance

Toute histoire de couple commence par une rencontre de deux personnes toujours bien différentes. Chacun éprouve une attirance pour l'autre, lui voit des beautés et des qualités qui lui font peut-être défaut. Chacune apprécie en l'autre ce qu'il n'a pas en lui ou qu'il ne voit pas en lui.

Chacun se développe et s'épanouit grâce au regard aimant de l'autre, ça donne des ailes et beaucoup de joies.

Ce qui est à l'un est à l'autre, parfois les deux s'habillent de la même façon, font les mêmes choses. Si l'un est sportif, l'autre peut le devenir pour lui plaire. Si l'un est mélomane l'autre se met à s'intéresser à la musique. Les centres d'intérêts de l'un deviennent souvent ceux de l'autre.

Il y a un état fusionnel qui s'installe, ce qui est à l'un est à l'autre, que ce soit pour les objets, les pensées, les occupations, les qualités ou les actions militantes. Il s'agit de la **période de romance**.

Et on finit par croire qu'on est pareil, qu'on pense comme l'autre, c'est une période de réelle croissance et de bien être.

L'amour attirance aide à aller très loin. Tout devient possible, tout vous réussit bien.

Mais vous êtes dans une confusion, vous avez une image idéalisée de l'autre. Vous arrivez même à prendre à votre compte les qualités ou les actions de l'autre.

Vous êtes alors dans un comportement fusionnel où vous ne voyez pas la réalité objectivement. C'est très agréable et facile à vivre. Est-ce que cet état peut durer ?

La désillusion

D'après certains sexologues, l'amour "attirance" dure en moyenne 36 mois. Que se passe-t-il quand cette attirance diminue ?

Les différences commencent à se dessiner, à s'exprimer. Les qualités que vous appréciez beaucoup à vos débuts, peuvent être vécues comme des défauts. "Je ne te reconnais plus" ou "tu n'es plus la personne que j'ai rencontrée" ou encore "je me suis trompé de personne". Pendant la romance, "j'admirais ton ouverture, maintenant elle m'agace, me dérange".

Si, avant, vous étiez probablement dans une illusion, cette fois vous êtes dans la désillusion.

La désillusion ce n'est pas une catastrophe, c'est juste un moment désagréable à vivre. Elle peut devenir un temps de réelle croissance. Elle met à jour vos différences que vous gommiez pendant la romance. Chacun est animé par une force de vie qui vous pousse vers une individuation où les différences sont de plus en plus marquées.

Que se passe-t-il ? Tout ce qui allait tout seul peut devenir un cauchemar. Pouvez-vous rester ensemble ou vaut-il mieux se séparer pour moins souffrir ?

Dans cette situation vous avez d'autres choix possibles.

Des couples qui traversent des crises il y en a beaucoup. Tous les couples sont confrontés, un jour ou l'autre, à une crise qui se traduit souvent par des reproches, des critiques.

Et si c'était une crise de croissance ?

Ces crises peuvent devenir des temps de mûrissement, des temps de remise en question, pas de l'autre mais de vous. Pourquoi vous ? Parce que les tentatives de changer l'autre échouent presque toujours. Obliger l'autre à changer c'est comme lui enlever sa liberté, et ça c'est insupportable pour lui.

Cette étape, c'est comme une période de maladie où le corps se manifeste et lutte, en général, pour recouvrer la santé et s'immuniser, s'il arrive à faire des anticorps.

Après plusieurs crises, certains couples baissent les bras, cherchent des dérivatifs et finissent par se quitter car ils croient qu'ils ne s'aiment plus. Cet événement est toujours vécu comme un échec.

Il y a une autre voie.

Vous pouvez traverser la tempête, résister, lutter et gagner.

Le navigateur qui fait le tour du monde, il en bave quand la tempête gronde, quand les vents sont contraires, il traverse des épreuves difficiles, mais il en sort grandi, il acquiert une nouvelle expérience, il apprend à piloter plus en finesse et à s'adapter au rythme de la mer. Vous avez vu comme il est rayonnant à l'arrivée.

Il en est de même pour chaque membre d'un couple après avoir traversé une période difficile. Vous croyez souvent que parce que vous n'êtes pas d'accord ça ne va plus.

Un désaccord n'est pas un "désamour".

Dans la société d'aujourd'hui il y a beaucoup d'idées reçues comme : "si ça ne va pas, si vous n'arrivez pas à vous entendre, divorcez".

C'est parce que la relation est basée sur le principe "donnant-donnant" que vous réagissez quand vous ne recevez pas assez.

Tout cela est normal, bon, nécessaire, cela vous aide à vivre mais vous pouvez y ajouter une autre dimension. C'est de construire votre vie de couple, ou votre vie avec les autres, sur la gratuité.

Vous pouvez prendre votre responsabilité de la relation et chercher ce que vous, personnellement, pourriez changer en vous pour que ça aille mieux.

Puisque les tentatives de changer l'autre ont presque toutes échoué, vous pouvez **choisir d'aimer, même décider d'aimer autrement, sans condition, sans rien attendre en retour, gratuitement**.

Permettez-moi de vous raconter ce qui m'est arrivé il y a quelques années : J'avais à ma charge un groupe de jeunes d'une vingtaine d'années. Avant de faire cette expérience ils arrivaient en trainant les pieds en disant à peine bonjour d'une voix un peu rauque sans beaucoup d'enthousiasme. J'ai décidé à partir de là, pendant le trajet au travail, de les aimer et de les accepter tels qu'ils étaient. Au bout d'un certain temps, j'ai été surpris, ils arrivaient le matin avec entrain en me lançant "bonjour" d'un air joyeux. Je ne leur avais absolument pas parlé de ma décision et je n'attendais rien en retour, je l'avais juste fait pour vivre mieux, pour moi. Le résultat : ça les a changés eux-aussi dans une dynamique d'accueil des autres.

Aimer n'est plus alors une affaire de sentiments, aimer devient une action qui va m'ouvrir à un grand potentiel, m'ouvrir à une grande joie.

Dans ma vie de couple, marié depuis 43 ans, je peux dire que la décision d'aimer ma femme telle qu'elle est, a transformé ma vie. Elle a toujours une liste impressionnante de choses à me faire réparer ou à gérer.

Quand elle me demande tout d'un coup de faire une nouvelle réparation alors que suis sur un travail important, je décide de l'aimer, même si ça me dérange dans mon activité en cours. Je sais aussi que si elle ne me sollicitait pas j'oublierais beaucoup de choses importantes.

Ma décision d'aimer entraîne très souvent la sienne. Nous ne comptons plus les points comme lorsque la relation est dans le "donnant-donnant".

Nous sommes ainsi dans une grande complicité où les reproches sont absents, où le plaisir d'être ensemble est bien présent.

Cette décision vous donne une joie d'aimer, de façon libre, une personne qui évolue. Vous l'acceptez alors comme elle est, avec ses beaux côtés et ses facettes moins glorieuses. Elle est une personne comme moi, avec ses défauts et ses qualités. Personne n'est parfait.

Imaginez-vous en train d'essayer d'aimer une personne parfaite. Ce serait l'horreur. Elle serait toujours au-dessus de vous, énormément mieux que vous. Cela risquerait d'avoir pour effet de vous agacer et de vous dévaloriser.

Le vrai amour humain n'est possible que parce que nous sommes imparfaits. C'est ça qui est passionnant, il y a tout un chemin d'évolution à construire.

Vous n'avez pas besoin d'être parfait pour être aimé.

Le chemin du bonheur est dans la qualité de votre relation avec les autres, dans votre bienveillance, dans votre attention, dans votre écoute, dans l'acceptation de la différence, dans votre façon d'aimer.

La réconciliation

Il manque encore un aspect extrêmement important.

Aucun couple ne peut éviter les difficultés et les disputes. Les occasions de se faire mal sont très nombreuses.

Lorsque cela vous arrive de faire mal, que vous ayez tort ou raison, vous avez la possibilité de rétablir une bonne relation.

Pour cela vous avez un moyen puissant qui est la demande de pardon de la souffrance que vous avez provoquée. Cela équivaut aussi à la reconnaissance du mal que vous avez fait.

La demande de pardon est souvent vécue comme la plus belle déclaration d'amour.

Le pardon qui suit généralement entraîne la réconciliation.

Ne passez jamais sous silence une blessure que vous avez provoquée. Le temps ne résout jamais les problèmes.

La traversée d'une difficulté avec la réconciliation qui suit est une bonne étape pour la solidité d'une relation.

Je vous propose une réflexion à écrire puis à partager avec votre compagnon, avec votre compagne, ou avec vos amis :

✎ Qu'est-ce qui m'a touché pendant cette lecture ?

✎ Quels sont les développements que je pourrais expérimenter dans ma vie ?

✎ Est-ce qu'il n'y aurait pas une demande de pardon que je pourrais faire à quelqu'un ?

Conclusion

<u>Vous êtes responsable de votre bonheur. Vous seul et personne d'autre.</u>
Svâmi Prajnânpad

On n'atteint pas le bonheur par hasard au détour d'un chemin.

Le bonheur n'est pas non plus au bout du chemin, il est le chemin.

Le bonheur est un chemin à imaginer, à inventer.

Chacun a à trouver son propre chemin.

Il s'agit d'être en route vers votre rêve, vos aspirations profondes.

Il ne s'agit pas de rêver sa vie mais de vivre son rêve.

Si votre passivité vous pèse, pourquoi n'iriez-vous pas vers l'action ?

Si votre activisme ne vous convient pas, si vous êtes trop dans le "faire", vous avez sûrement intérêt à vous orienter vers l' "être". Dans tout ce que vous faites vous êtes remplaçable alors que dans l'être vous êtes unique. Vous avez des dons, des charismes qui ne demandent qu'à être développés.

Vous avez de la valeur.

Au lieu de rester renfermé sur vous, vous pouvez **vous ouvrir aux autres, à la vie**.

Faites quelque chose de votre vie, mettez vos dons au service des autres. Vous serez en relation, vous ferez sans doute plaisir et en plus vous prendrez du plaisir.

Quand vous êtes seuls, le bonheur est petit.

Partagez votre bonheur il grandira.

Le bonheur est tout près de vous, il est déjà en vous.

Accueillez-le.

Bonus

83

Aimer, c'est être là quand l'autre est en détresse.

Aimer, c'est vouloir que l'autre soit lui-même.

Aimer, c'est s'émerveiller de l'autre.

Aimer, c'est voir la beauté de l'autre et le lui dire.

Aimer, c'est être attentif à l'autre.

Aimer, c'est passer du "TOI pour MOI" à "MOI pour TOI".

Aimer, c'est remercier.

Aimer, c'est être bienveillant.

Aimer, c'est vouloir le bien de l'autre.

Aimer, c'est écouter avec son cœur.

Aimer, c'est choisir la confiance.

Aimer, c'est donner sans compter.

Aimer, c'est accepter ta différence, c'est t'accepter comme tu es.

Aimer, c'est agir avec humilité.

Aimer, c'est te laisser une place prioritaire dans mon cœur.

Aimer, c'est te laisser libre de penser et d'agir.

Aimer, c'est laisser l'autre évoluer à sa façon.

Aimer, c'est prononcer des paroles bienfaisantes.

Aimer, c'est donner sans rien attendre en retour.

Aimer, c'est pardonner et accepter le pardon des autres.

Aimer, c'est dire à quelqu'un : "Tu es important pour moi".

Aimer, c'est dire à quelqu'un : "Je suis heureux que tu sois là".

Aimer, c'est te dire, souvent : "Je t'aime" et le penser très fort.

Être aimé(e), c'est compter pour quelqu'un.

Être aimé(e), c'est être écouté(e).

Être aimé(e), c'est être accepté(e) comme je suis, avec mes qualités et mes points faibles.

Être aimé(e), c'est être respecté(e) et apprécié(e) dans ses paroles et ses actions.

Être aimé(e), c'est recevoir des marques de tendresse.

Être aimé(e), c'est passer des moments de qualité avec quelqu'un.

Être aimé(e), c'est recevoir des paroles bienfaisantes et encourageantes.

Message au lecteur

85

Cher lecteur,

J'espère que cet ouvrage vous a plu et qu'il vous a permis d'entrevoir des chemins pour vivre mieux.

Est-ce que les propositions de réflexion vous ont intéressé ?

Pour m'encourager à poursuivre mon œuvre, est-ce que vous voulez bien rédiger un petit commentaire sur le site d'Amazon, en bas de page ?

http://www.amazon.fr/ebook/dp/B00KJKYM6O/

Merci d'avance

René E Kremer

Vous pouvez aussi me contacter par mail : rene.kremer42@free.fr

Pour aller plus loin

Vous venez de vivre les 21 Chemins du Bonheur.

Quelles aventures l'auteur a-t-il vécu pour découvrir de tels secrets ?

Comment René E KREMER a-t-il construit son propre bonheur ?

Découvrez en exclusivité l'interview exceptionnelle d'Éric RISE.

Ce journaliste d'investigation a rencontré René KREMER en personne.

Il révèle comment l'environnement agit sur la construction de notre réalité ; de quelle manière nos parents nous influencent ; et à quel moment un individu devient le jardinier qui sème les graines de son futur bonheur.

Vous allez comprendre comment cet aventurier de génie à réussi à associer Voyage, Passion et Amour.

René nous livre la transformation de son cheminement intérieur.

Plongez-vous dans l'histoire extraordinaire de "La Construction du Bonheur", et laissez fructifier en vous les bienfaits de ce récit bienveillant.

Vous trouvez cet ouvrage "La Construction du Bonheur - Les Secrets d'un Aventurier" d'Eric RISE chez Amazon.

http://www.amazon.fr/ebook/dp/B00KJCN3MQ/

Remerciements

Ce livre n'aurait pas vu le jour sans les encouragements de mon épouse Christiane.

Merci à Christiane qui me rend heureux depuis 43 ans.

Merci à nos 4 enfants : Isabelle, Sandrine, Sylvia et Julien qui ont contribués à notre bonheur en couple et à mon évolution personnelle.

Merci à nos 5 petits enfants : Hugo, Anthony, Evan, Steven et Sophia qui m'apportent de bons moments de bonheur.

Merci à Bernadette pour ses bons conseils.

Editions LIBERTISSE
Dépôt légal : Mai 2014
ISBN : 979-10-94013-00-7

www.ingramcontent.com/pod-product-compliance
Lightning Source LLC
Chambersburg PA
CBHW071550150726
48000CB00002B/998